작가일 내일은 오늘보다 더 행복하길

B의 일기
1

B의 일기 1

초판 1쇄 인쇄 2021년 6월 20일
초판 1쇄 발행 2021년 6월 25일

글·그림 | 작가1
펴낸이 | 金湞珉
펴낸곳 | 북로그컴퍼니
주소 | 서울시 마포구 월드컵북로1길 60(서교동), 5층
전화 | 02-738-0214
팩스 | 02-738-1030
등록 | 제2010-000174호

ISBN 979-11-90224-89-5 07810

Copyright ⓒ 작가1, 2021

· 원고투고: blc2009@hanmail.net

· 블로그: blog.naver.com/blc2009
· 인스타그램: @booklogcompany
· 페이스북: facebook.com/blc2009
· 유튜브: 북로그컴퍼니

· 잘못된 책은 구입하신 곳에서 바꿔드립니다.
· 이 책은 북로그컴퍼니가 저작권자와의 계약에 따라 발행한 책입니다. 저작권법에 의해 보호받는 저작물이므로, 출판사와 저자의 허락 없이는 어떠한 형태로도 이 책의 내용을 이용할 수 없습니다.

B의 일기

작가1 지음

작가의 말

안녕하세요! 작가1입니다.

길고 길었던 2020년을 지나 2021년도에 드디어
〈B의 일기〉를 정식 출간하게 되었네요. (짝짝!!)
딜리헙 사이트에 연재를 하고 또 많은 반응과 댓글을 받아보면서
여러 가지 감정이 교차했던 게 기억나요.
웹툰을 그릴 때는 힘들어했다가도
독자들의 그런 호응을 보면 바로 피로가 싹 가시고
다시 펜을 잡을 힘이 생겼었죠.

연재될 때 올렸던 후기를 빌려 다시 말씀드리자면,
세상은 언제나 움직일 때 삐걱거립니다.
그러니 나로 인해 주변이 요동친다 해도 걱정하지 마세요.
이런 사회에서 각자 행복할 길을 찾아가는,
주체적으로 나아가는 우리는 그 존재만으로도 완벽하니까요.

걱정과 우려가 많았던 〈B의 일기〉였는데,
끝까지 응원해주시고 공감해주신 독자님들 덕분에
순조로운 완주가 가능했습니다.
함께 달려주신 모든 분들과
도와준 지인분들에게 진심으로 감사드립니다.

늘 따뜻한 나날 보내세요!

2021년 6월, 작가1

등장인물 소개

도수리 (24세)

다정한 남자친구와 함께 화목한 가정을 만드는 게 꿈인 24살 사회 초년생. 폭력적인 아버지와 침묵하는 어머니가 지긋지긋하다. 이제 이런 가족을 떠나 남자친구와 결혼해 행복한 가정을 꾸리면 모든 게 완벽한데, 독서모임에서 만난 정도도라는 사람이 거슬린다. 왜 말을 그렇게 해? 절대 친해지지 말아야지.

정도도 (34세)

수리가 독서모임에서 처음 만난 이상한 사람. 오늘만 살 것 같은 행동에 심드렁한 표정. 마음에 안 든다고 남의 차를 긁어놓고 도망가는 오만한 태도. 그런데 수리의 남자친구와 그 가족에 관한 얘기만 나오면 자리를 피한다. 수상한데, 뭔가 숨기고 있나?

정도운 (33세)

수리가 6개월 교제한 남자친구. 오래전에 가족과 연 끊은 누나를 싫어하면서 동시에 두려워해, 그 이름이 언급되는 것조차 거부한다. 그래도 여자친구인 수리에게는 다정하고 나름 친절하다. 이 정도면 남편감으로 괜찮지.

정도운의 부모

연을 끊고 집을 나가버린 장녀의 이름조차 거론하기 싫어하는 인물들. 하나밖에 없는 아들이 세상의 전부다. 수리가 좋은 며느릿감인지 끊임없이 시험한다.

유은

정도도의 대학 친구. "나는 시집 잘 가려고 여대 왔는데."라고 말하던 친구였으나 정반대 성향인 정도도와 뜻을 함께해 서로 우정을 나눈다. 그러나….

수연

독서모임에서 만난 쾌활한 사람. 정도도와 도수리에게 호의적이며 친절하다. 독서모임에서 만난 남자가 말을 걸기 전까지는.

하과장

도수리의 직장 상사. 남초 회사에서 굴림당하고 까이는 나날이 피곤하다. 끌어줄 만한 여자 후임 어디 없으려나?

차 례

작가의 말 ·················· 4

등장인물 소개 ··············· 6

1화 ·················· 10

2화 ·················· 31

3화 ·················· 47

4화 ·················· 77

5화 ·················· 100

6화 ·················· 133

7화 ·················· 156

8화 ·················· 181

9화 ……………… 204

10화 ……………… 225

11화 ……………… 247

12화 ……………… 274

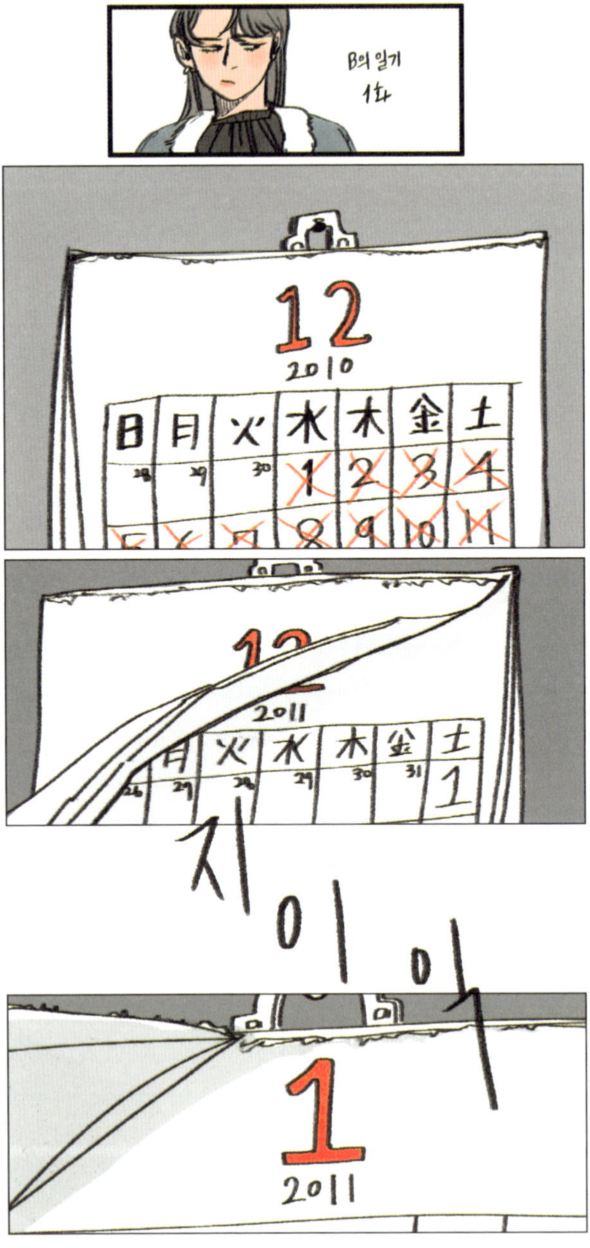

있어요,
남자친구.

……!

있을 것 같았어요.

아, 어쩐지~
이렇게 예쁘시니….
아쉽네요. ㅎ

연상….

연상?
연하예요?

몇 살 차이예요?

어, 세상에!
제 친구인 줄 알았어요!

괜찮으세요?
죄송해요!

오늘 뵙기로
한 분인 줄
미처 모르고!

도도언니!

아, 네?
괜, 괜찮습….

어휴, 너무 다행이네요.
오늘 처음 뵙죠?
안녕하세요~

네, 네…? 네. 안녕하세요…!

음….

그래서 그런가, 조금 거친 느낌도 나고?

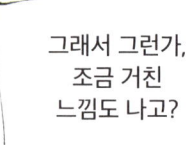

뭐, 마음의 중대한 결정을 내린 걸 수도 있고….

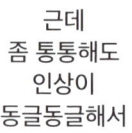

근데 좀 통통해도 인상이 동글동글해서

꾸미면 귀여울 텐데,

수연씨보다 언니면,

나이는 서른이 넘나?

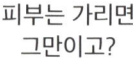

피부는 가리면 그만이고?

와, 완전 동안….

결혼은 했나?

아.

내가 지금 너무 자연스럽게 남을 평가했나?

진짜 무례했네….

나쁜 버릇인데, 그러지 말자 좀….

첫인상으로 판단하지 말자.

처음에도, 정말 실수일 수도 있지!

열린 마음 열린 마음….

그래도 직접 말 안 해서

저 사람이 모르는 게 다행….

나는 9시쯤에
돌아갈 것 같아.

회식이 있다나?

나도 퇴근하고 가는 거라
더 늦을 것 같은데.

그러면 데려다줄게.
같이 돌아가자.

그나저나 그 직장,
우리 결혼도 준비하는데

슬슬,

정리해야지?

B의 일기
24

그럼 들어갈게요-!

아, 아니다.
그냥 제가 들어갈게요.

네네.

그런데,
무슨 얘기 하고 계셨어요?

수리씨 결혼 얘기요. ㅎ

아~
얘기 나누세요.
저 커피 시키고 올게요.

설마,

나이 차이에 뭐라고 해서?

맞는 말인데 왜 그래요.

이상하게 사람들 나이 많은 남자한테 관대하단 말이야.

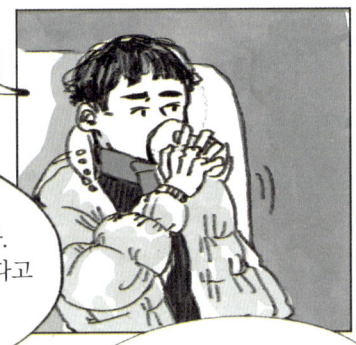

성별 반전되었어봐. 어린 남자 앞길 막는다고 난리 났을걸.

뭐… 어린 여성은 나이 든 남자의 경제력, 성숙함에 반할 수 있겠지만

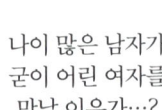

나이 많은 남자가 굳이 어린 여자를 만날 이유가…?

신경 쓸 일은 아니지만 사실 말리고는 싶네요.

그럴 수도 있지,
왜 말을 그렇게….

오빠가 얼마나
다정하고 괜찮은 사람인데….

수리야
10살도 안 나는
나이 차이에

그 사람들은
너를 부러워해서
그런 거니까.

누가
뭐라고 하면
무시해.

알겠지, 수리야?
네가 상처받을까
오빠는 걱정이야.

또래 여자들 못 만난
이유가 뭐겠어요.

아이를 다 키우고 해도
괜찮잖아?

그래?

걱정까지 해주실
필요 없는데….

그래, 알았어. 생각해볼게.

물론 아이가 크는 몇십 년 동안
경력을 단절당하는 건 너뿐이지만,

오빠네 식구들은 다
좋으신 분 같아.

여자는 모성애가 강해서

자신을 갈아 아이를 돌보는 일과
남편을 내조하는 일에 행복을 느낀다고 하니,

너 또한 괜찮을 것이다.

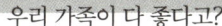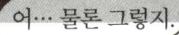

결혼을 앞둔 남자친구.

그 오빠네 가족에게는 '없는 자식'이 있다.

그 누나는 좀…

이상했거든.

그 누구에게도 말하기 싫어서
이름조차 부르지 않는다는,

'미쳐서' 집을 나갔다는 첫째 누나,

그 집안의 장녀.

그 가족은 화목했다.

가족을 위해 고개를 숙이며
그것을 화목이라 믿고

지적하는 이를 경계하며

자신을 갈아 세운 남편의 번듯함을

정상이라 믿었다.

그리고 누군가의 희생을 기반으로
유지되었던 화목함을

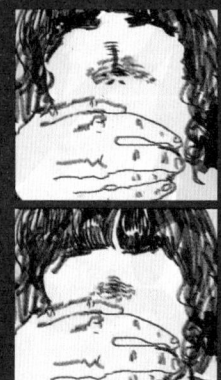

사회는

이상적인 가족이라 가르쳤다.

그리고

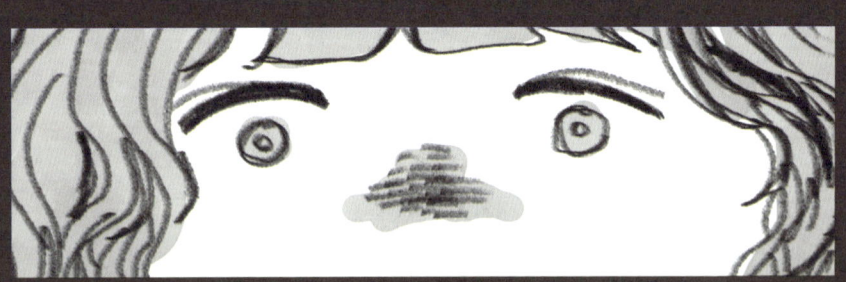

그 안에서 나는….

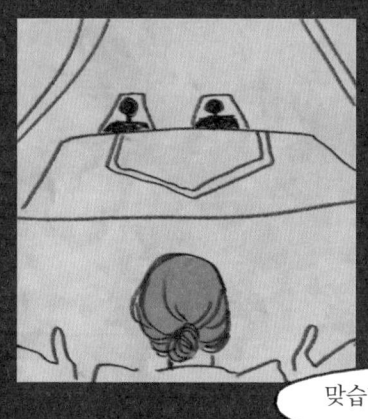

이 거대한 사회가 무엇을 숨기고 있는지, 배움의 기회를 얻지 못한 나는 잘 모르지만

그건 필시 더러운 치부일 것입니다.

맞습니다. 그래요.

당신들은 치부를 들킬까 두려워하던 사회이고

우리는 억눌렸던 세상의 절반이죠.

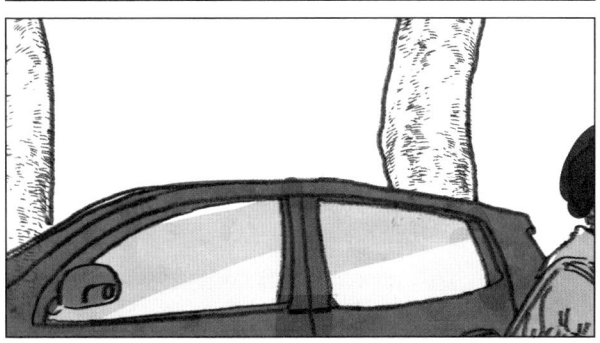

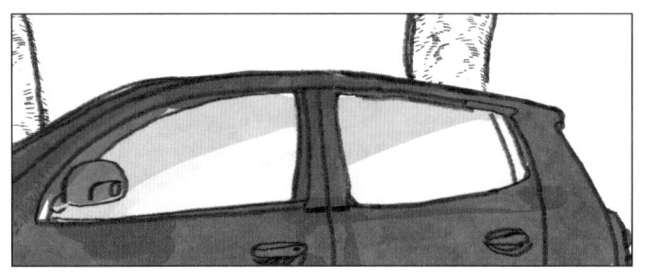

그 가족은 화목했나?

그 가족의 화목은

누군가를
짓눌러야만
유지된다.

…. ….

도도야 가만히 있어.

지적하지 마.
아빠 말 들어야지.
그래야 착한 딸이지?

치마를 입고

다리를 모으고, 남자의 기를 살려주고,

엄마가 없을 때는
누나가 엄마라는 말을

듣고 자라야 하는
그런 가족.

억눌렸던 고개를
들었을 뿐인데
깨질 화목이라면

애초에 그건
가짜였던 거다.

B의 일기
4화

정신 차려요. 티나.
당신은 의자에
앉을 수 없어요.

이곳에서 의자는 곧
발언권을 뜻하니까.

그들은 절대로 당신에게
목소리를 허락해주지 않을 거예요.

그런 것 같아요. 잭.
안타까워요. 내 목소리는,
설 곳 없는 나의 자리는
곧 사라지겠군요.

멸종동물처럼
흔적조차 남지 않겠죠.

멸종동물처럼이라뇨….
그 정도까진.

왜요? 그들은 의자에 앉지 못해요.
멸종했으니까요! 나와 다른 게 뭐죠?

그거 아세요?
공룡들은 소중한
삶의 터전을 잃었기에
죽었어요.

그렇다면 또 다른 멸종 새,
도도새는 왜
멸종했는지 아세요?

왜죠?

사냥꾼들의 표적이 되었지만,
큼 몸집에 비해 날개가 너무
작았거든요.

그 새는 날지 못해 죽었어요.

그뿐인가요.
호랑이, 독수리, 상어…
다 멸종 위기죠.

인간들이 그들의 터전을 짓밟거나,
그들을 묵살하고 사냥할 대상으로
점찍었기 때문이에요.

우리들의 목소리,
권력, 자리, 발언권…

다 마찬가지예요.
우린 사냥당하고 있어요.

맞아요. 티나.
진정해요.

그나저나
아이러니하지 않나요?
최고 포식자였던 동물들이
멸종 위기라니.

새로운 최고 포식자에게
방심하면 사냥당하니까요.

인간에게?

인간에게.

인간들은 그 동물들이
멋지고 용맹하고 아름답다며

겉으로는
칭송하고 아끼는 척하지만

마음속으로는
사냥을 해서 그들의
이빨과 가죽을 얻고,
영원히 늙지 않는
박제로 만들어

그들만의 과시용
트로피를 얻고
싶어 하는 게
사실이니까요.

그들은 언제든지
인간들을 물어뜯어
죽일 수 있는
포식자임에도
불구하고

사냥당하고 사육당했죠.

뭐, 그래요,
지능 면에서 인간들이
우위인 이상

그들은
항상 위험에
노출될 거예요.

오…

그렇다면 티나(Tina),
갑자기 궁금해졌는데 말이죠.

당신이 만약 호랑이라 가정했을 때,
그런 막막한 상황을 어떻게
해결할 수 있다고 생각해요?

무슨 말을 하는 거예요?

잭, 내가 호랑이(tiger)와 앞부분 철자가 같다고 놀리는 거죠?

재미없어요.

상상조차 하지 말아요.

내가 희망을 가진다고 말했잖아요.

그들은 사냥꾼이 아니고

아쉽게도

나 또한 지성을 갖춘 인간이라서요.

동물하고는 많이 다르죠.

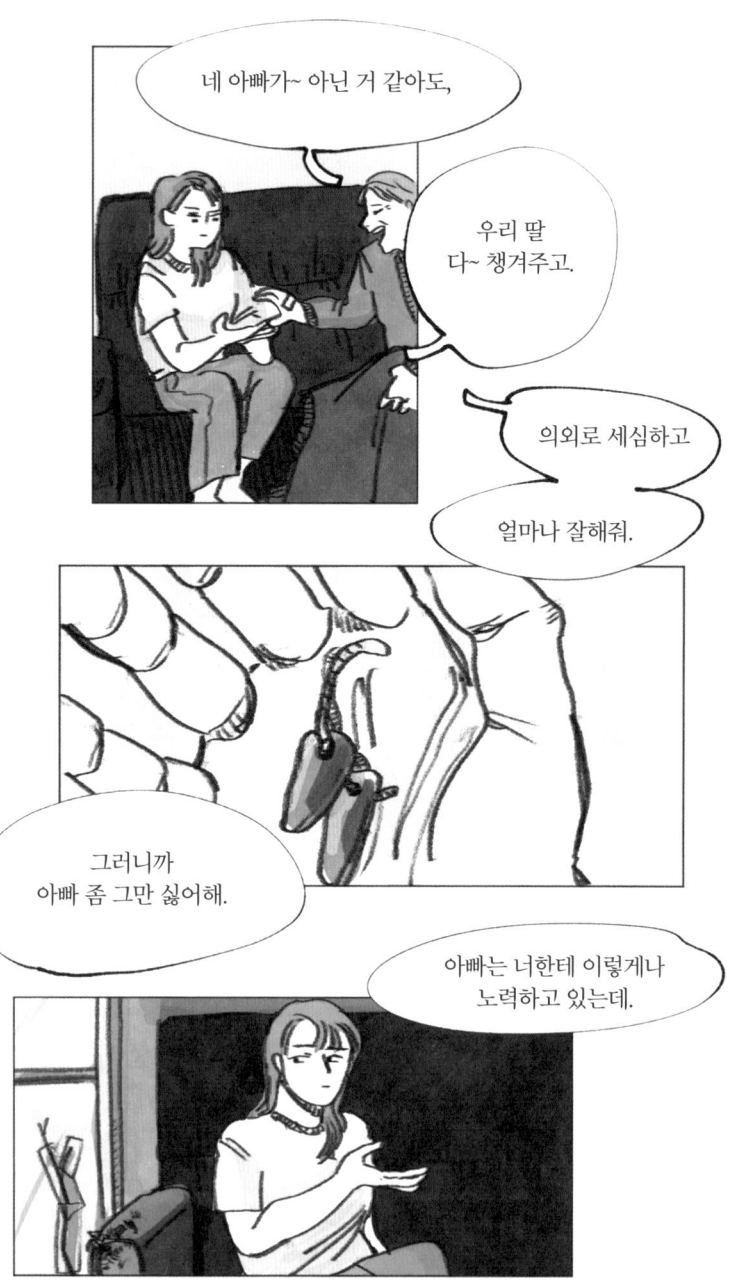

수리야, 네가 아버님께 먼저 다가가면 아버님도 달라지실 거야.

너는 또래 여자애들에 비해 성숙하니까, 알아줄 거라고 믿어.

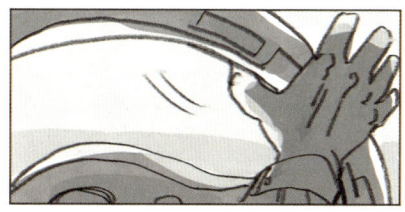

원래 남자가 여자와 달리 감정 표현을 못 하잖아.

그나저나 아버님이 어머님께 더 다정하셨으면 어머님도 좋아하셨을 텐데,

여자에겐 남편이 다인데 왜 그걸 몰라주실까.

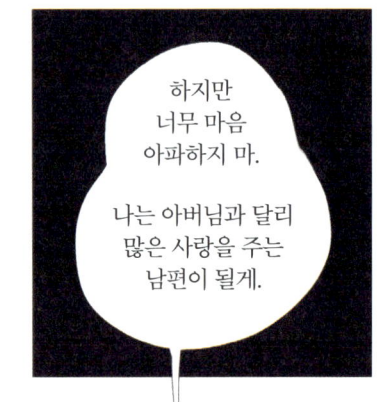

그게, 남자친구가 어제

아내를 폭행한 남편에 대해 말을 하는데,

부모님 얘기는 하지 말자. 아무리 그래도 껄끄러우니.

그 사랑의 표현 방식이 잘못되었을 뿐, 남편은 여전히 아내를 사랑하고 있을 거라 하는 거예요.

뭐, 무슨.

아니, 말이 되는 소리를 해야죠.

"그것 말고는 가족 면에선 걱정할 게 없어요

그 소문 안 좋은 누나는 연락이 끊긴 지 오래라고 하고,"

"그 덕에 남자친구는 외동아들처럼 자라 지원과 교육은 잘 받았다 하니까요."

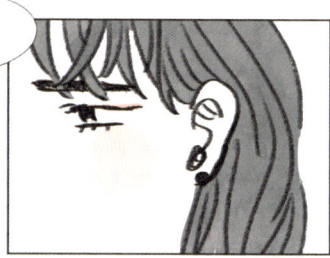

"하나 고민되는 건,

집안 사업이 잘되는 모양이라, 결혼하면 직장을 그만두길 원해서

갓 취직한 직장을 그만둬야 할 것 같다는 건데…. 그것만 아니라면…."

… ….

… ….

… 네 뭐,

사실

'누나가 있는데 외동아들처럼 키워졌다'

이 부분부터 결혼을 말리고 싶네요….

아니 그 전에,

여자친구의 직장을 그만두게 하고 싶어 한다는 것부터가,

제일 문제죠.

… ….

아니에요. 고마워요.

아무도 그런 말은 해주지 않았거든요.

모두가 네가 접고 들어가야 하는 결혼이라고만 해서….

남자친구와 헤어질 생각은 없지만 그래도

결혼을 너무 빨리 결정하나 싶었는데, 생각해봐야겠어요.

그것 말고도 여러 가지 걸리는 말들도 있고….

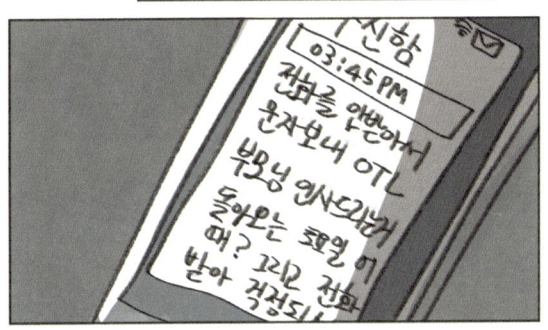

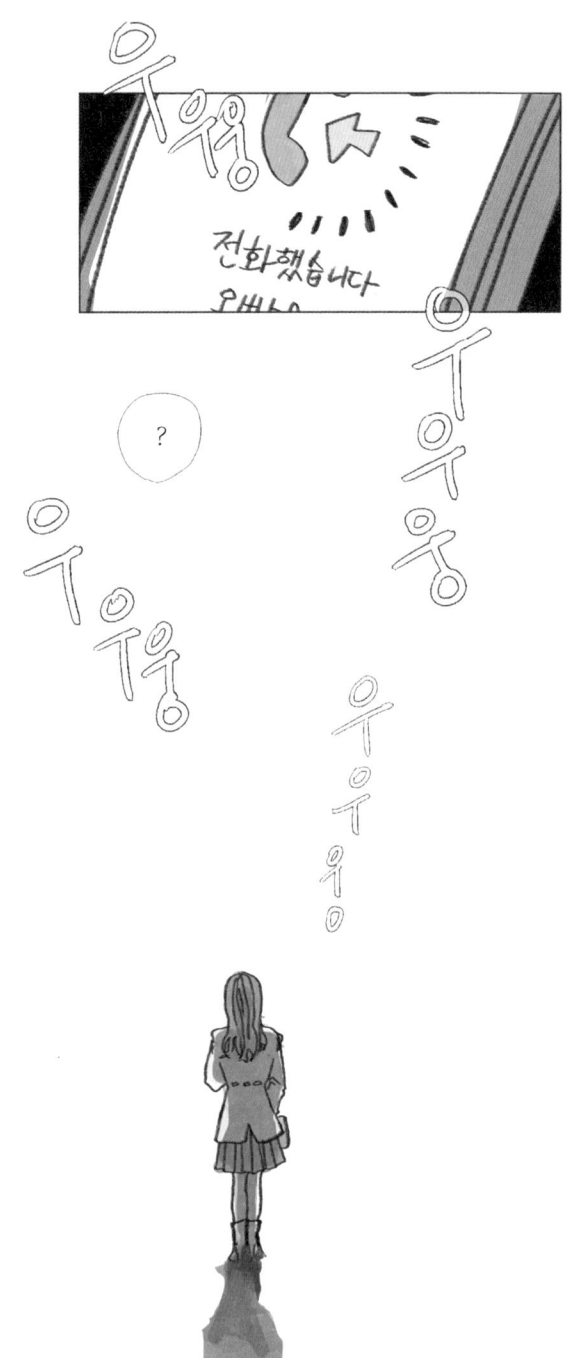

그 꿈은

나를 마치 판결을
기다리는 죄수처럼,

너는 아들을
몇이나 낳아줄
수 있니?

평가를 받는
면접장의 지원자처럼
만들었다.

아, 아빠!
수리는 그런 거
부담스러워한다고요!

직접적으로 말하지 마요!

어차피 말할 거
일찍 하면 뭐 어떠냐?

수리야, 아버지 말은 신경 쓰지 마.

부끄럽게 별말을 다 하서.
ㅎㅎ

맞아. 신경 쓰지 마라.

우리 새아가는 굳이 말 안 해도

다~ 잘할 거잖니?

극히 드문 허상을 만들어
간접적으로 혐오를 비추고,

그 혐오를
현실의 여성들에게도
접목시키기 위해
소문의 크기를 키운다.

그런 사람이 많대. 본 적? 없어. 왜 단정 짓냐고?
몰라. 사람들이 그러던데? 그러면 맞는 거겠지.
여자는 원래 그러니까 그럴듯하잖아.

결국 존재하지 않는
허상이 되지 않기 위해

스스로를 검열하고
삶에 제약을 두는 건,

가만히 있던

나지.

이게 불안이 맞나?

불안이 아니라 불편 아닌가?

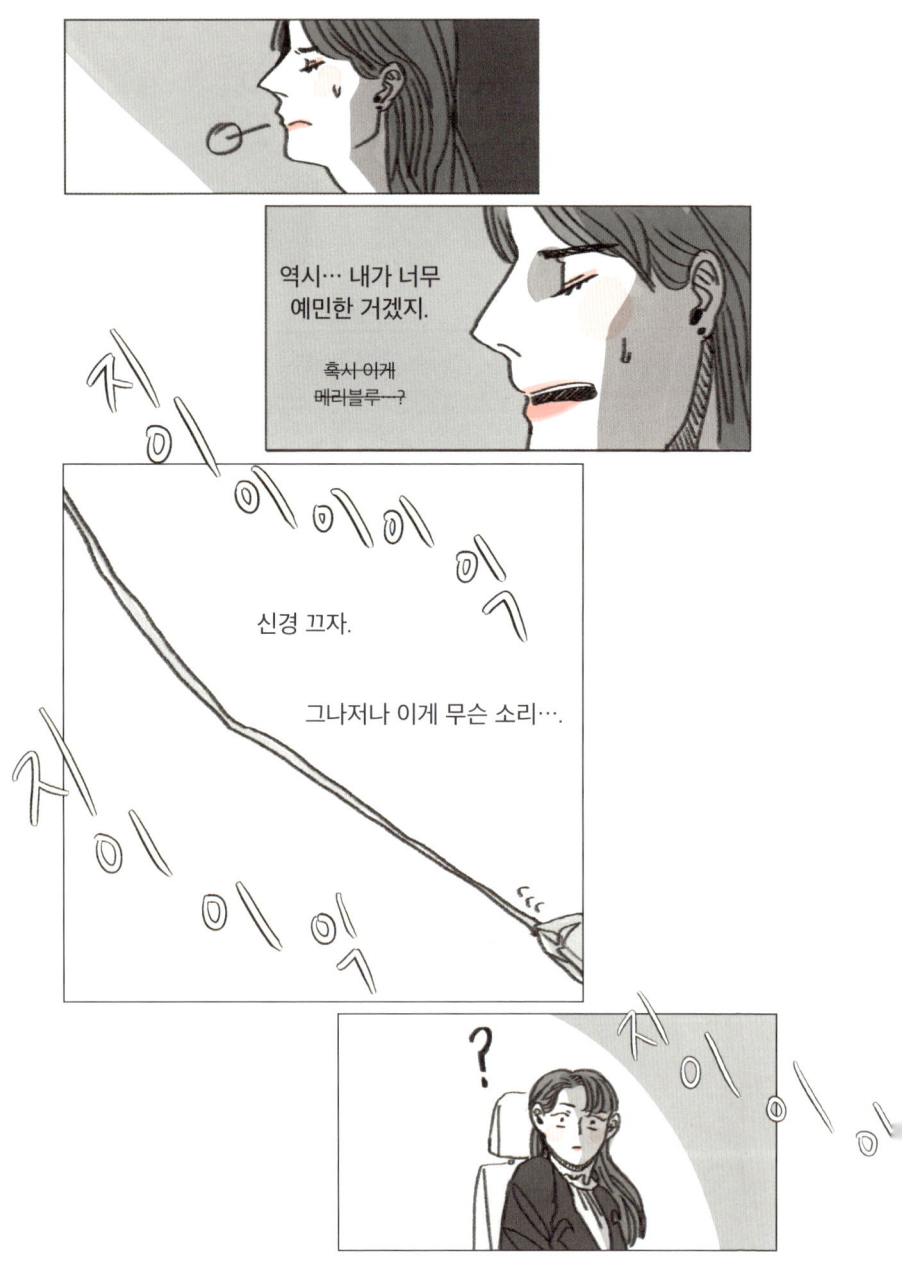

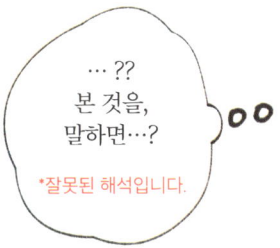

사이가 안좋다고 늙었니

사이가 안 좋아진 건 비교적 최근 일인 것 같았는데.

어릴 적 가족 사진에도 누나 없이 셋만 찍혀 있는 사진이

이렇게 많을… 수 있나…?

… 과한 생각인가?

폭력이 없고

서로를 존중해주며 가끔 장난도 치는.

나도 결혼해서 가정을 꾸리면,

이런 화목함을 가질 수….

앉은 소파가
불편해지고

그들의 묘한 시선을
의식하고,

어머님이 앉은 곳이

소파가 아닌
바닥이라는 사실을
인지하고

과도가 처음부터
두 자루였다는 것을
알게 된 순간.

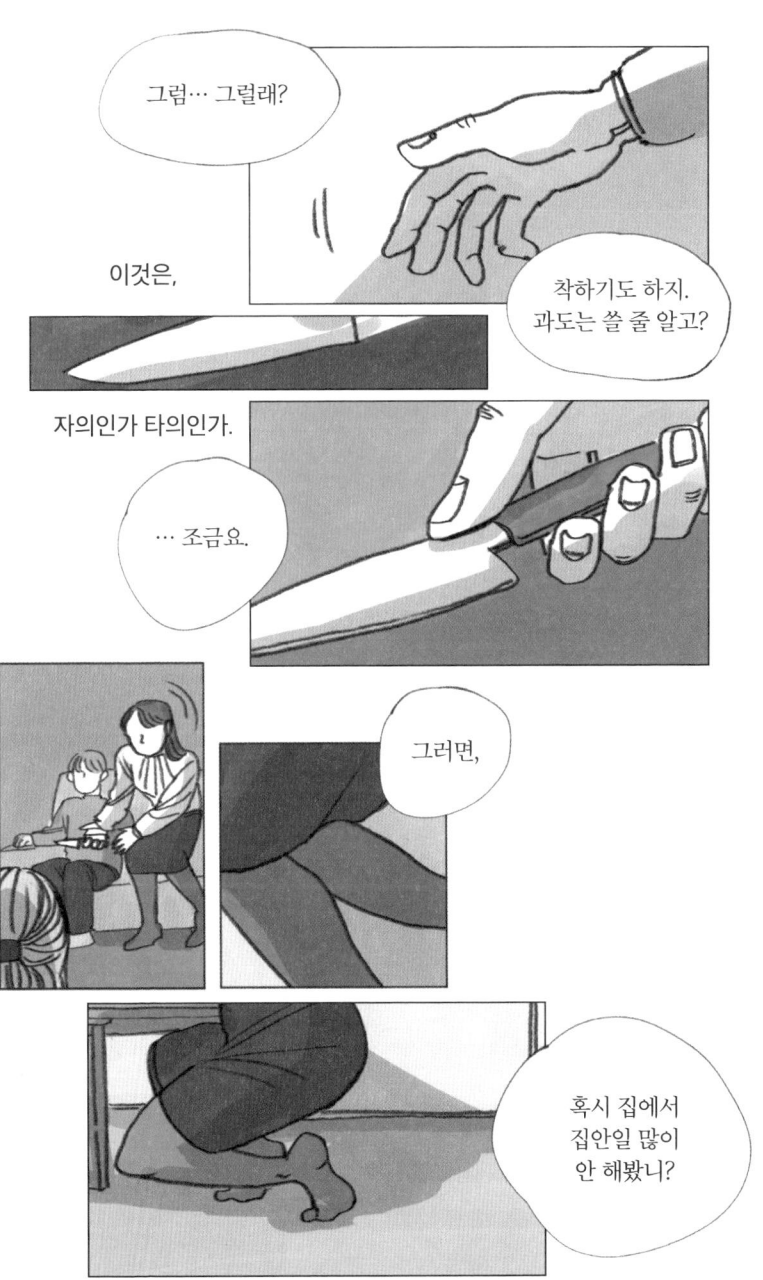

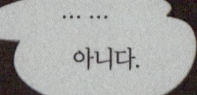

곧 접시 위에
올라갈 과일에는

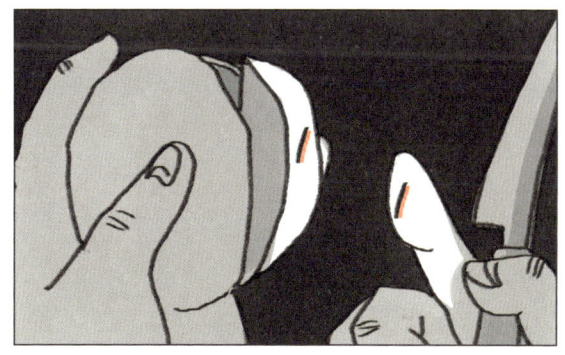

내 손가락의 상처와
똑같은 상처가 나 있었다.

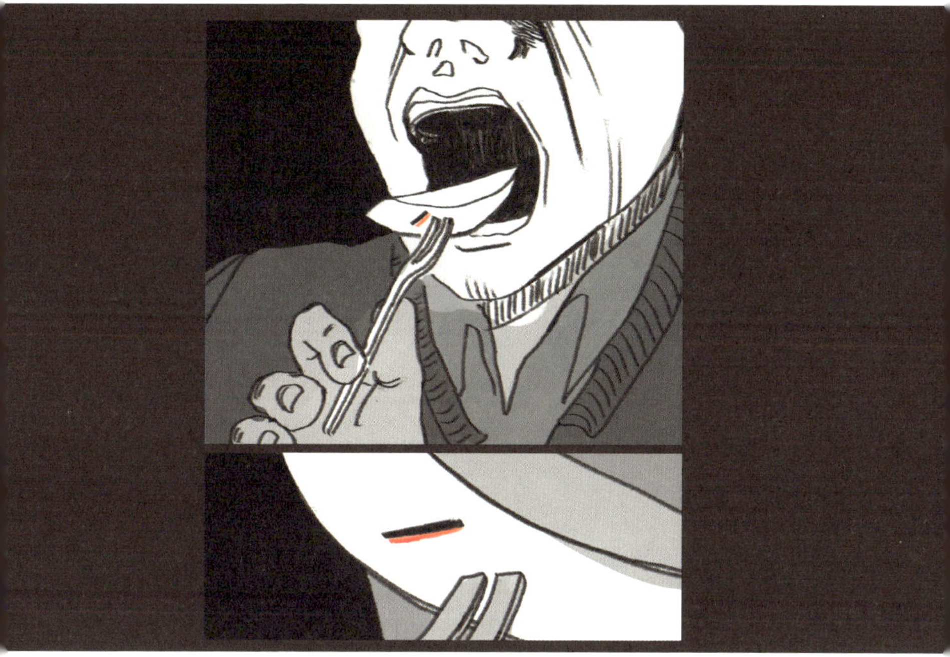

같은 상처를 가진,

먹기 좋게 깎인
접시 위의 과일.

그리고 먹음직스럽게
보이기 위한,

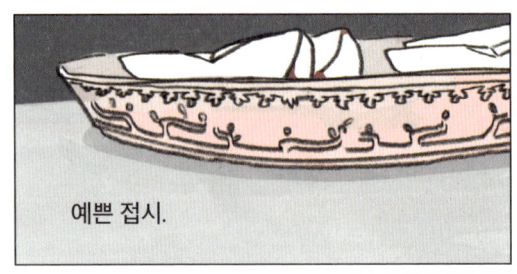

예쁜 접시.

평가의 단상.

내가 지금 있는 곳은….

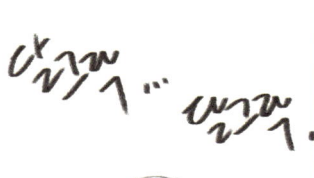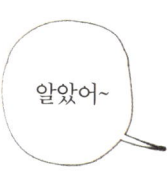

아… 아들이라서? 남자라서?

남자라서
요리를 못하는 걸까?

하지만 유명한 셰프들은
다 남자던데.

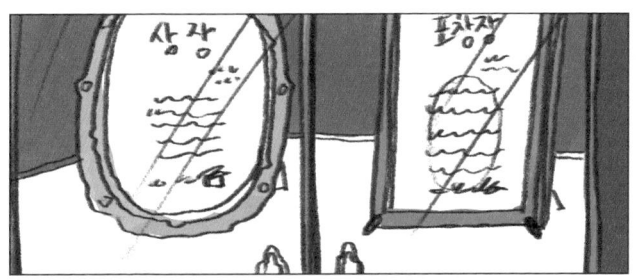

아들!

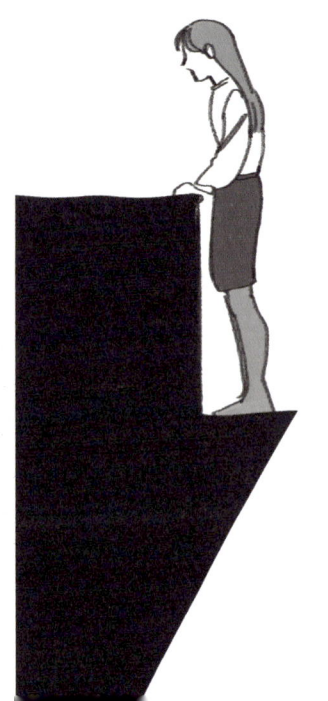

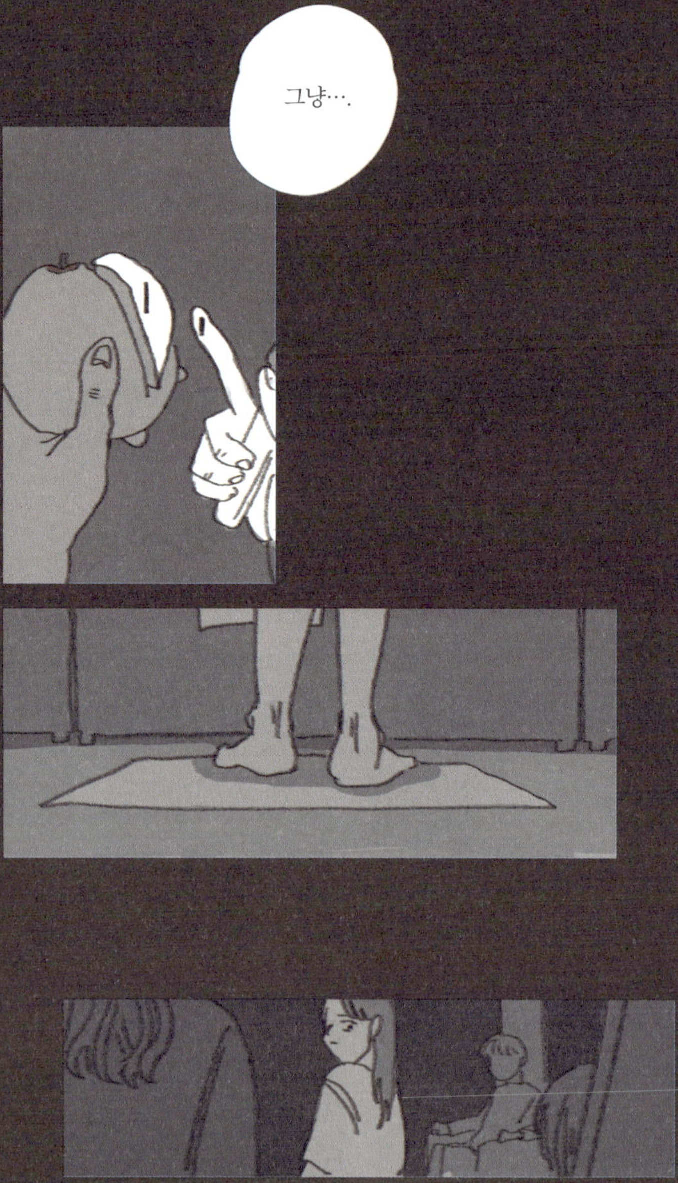

그냥….

꿈꿔왔던 가족을 위한
결혼은 분명,

유혹적이고 아름답지만,

정의할 수 없는

이물감의 정체.

끊임없이
느껴지던

답답한 무언가.

나는 아직
그것의 이름을
모른다.

여자는~

크리스마스~

그때 도도는 왜,

그런 표정을 하고 있었지?

그렇다면,

절대 뒤를 돌아보지 마.

뭐?

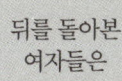

뒤를 돌아본 여자들은

집안의 소음
폭력의 소리.

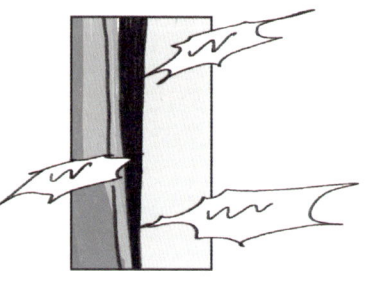

가장 싫던….

오늘 일진 왜 이래!

아빠는 더 이상 젊지 않다.

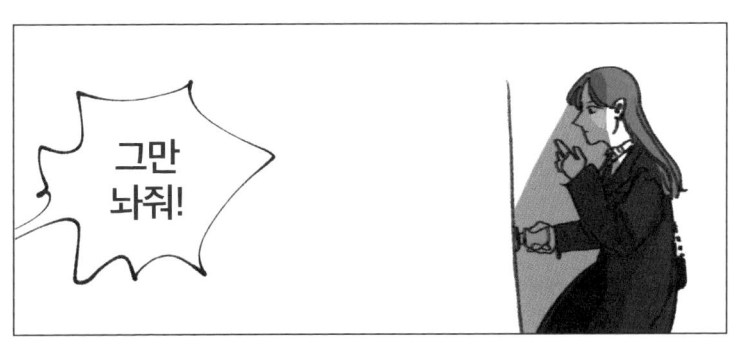

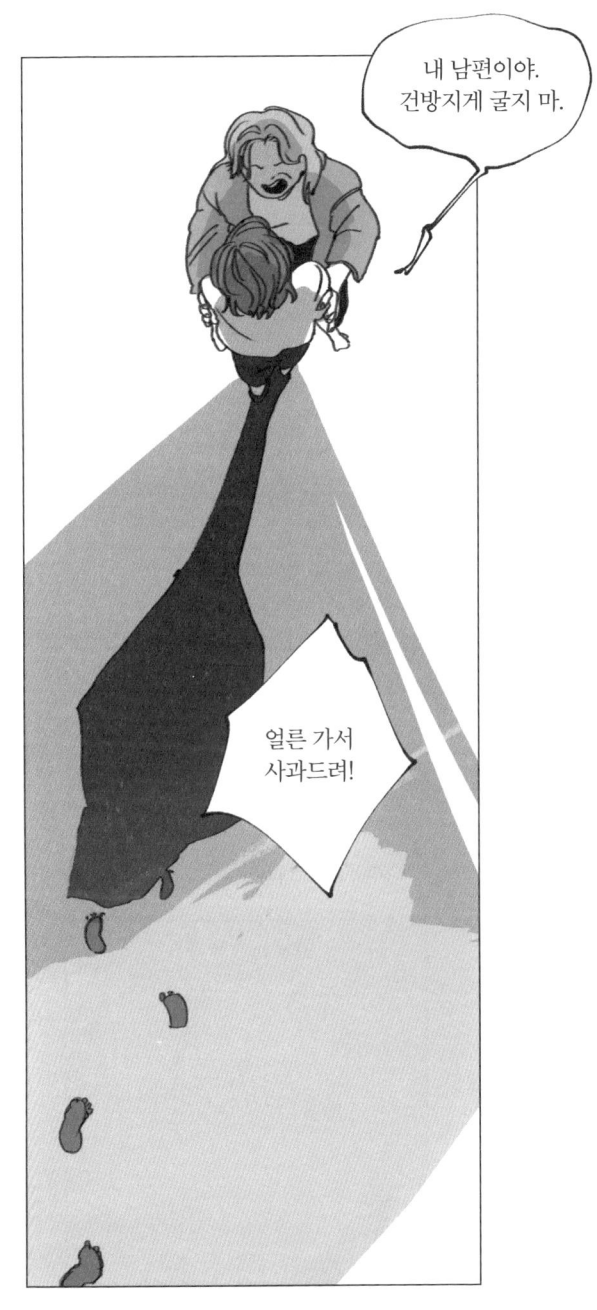

폭력이 참 무섭지.

사람을 사람으로 남게 하질 않으니.

그 누구도
이 안에서는
현명하지 못해.

나도.

도대체 언제까지?

네가 결혼을 하면

그땐 우리에게
감사하게 될 거다.

모두가 침묵했던 유구한 금기.

내 선은 그렇게
함부로 밟으면서.

또,
네가 까다롭게 굴면서
결혼 안 하고 미루면
뭐라도…

왜 본인들의
선은 밟힐 거라
생각 안 하는지.

이상한 사람들.

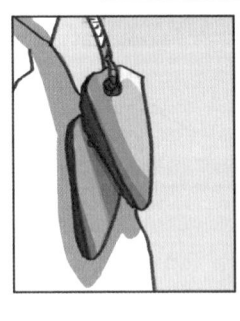

2권에 계속